P9-CNE-896

ESTA ES MI TIERRA

THIS LAND IS MY LAND

BILINGUAL CHILDREN'S SONGS / CANCIONES INFANTILES BILINGÜES

CON

JOSE-LUIS OROZCO

CANCIONERO

SONGBOOK WITH MUSIC, LYRICS AND CHORDS

VOLUME 11

Music transcribed by Roberto Chiófalo

From the recording *This Land Is My Land Vol. 11*
De la grabación *Esta es mi tierra Vol. 11*

ISBN 1-57417-035-X

© ® ® 1998, ARCOIRIS RECORDS, INC.
ALL RIGHTS RESERVED
P.O. BOX 461900 LOS ANGELES, CA 90046

www.joseluisorozco.com

Esta es mi tierra Vol. 11 © ® 1998, Arcoiris Records, Inc. All Rights Reserved

No part of this publication may be reproduced or utilized in any form or by any means, electronic or mechanical, including photocopying and recording or by any information storage and retrieval system, without permission in writing from:

Arcoiris Records, Inc.
P.O. Box 461900
Los Angeles,Ca 90046
www.joseluisorozco.com
(888) 354-7373

José Luis Orozco
From Mural de la Raza © 1985
by José Meza-Velazquez, San José, CA

JOSE LUIS OROZCO

José Luis' appreciation of music was greatly influenced by the songs he learned from his paternal grandmother when he was a child. He was born in Mexico City, and at age eight he became a member of the Mexico City Boy's Choir. He traveled the world with the Choir for the next five years, and visited a total of 32 countries in Europe, the Caribbean, and Central and South America. Through these world travels he gained the cultural knowledge he now shares with the world's children through his books and recordings.

After moving to California in search of the American dream, he earned his Bachelor's degree from the University of California, Berkeley, and then acquired a Master's degree in Multicultural Education at the University of San Francisco.

José Luis has forged his success as an author of children's books, as a songwriter, and as a performing and recording artist. He has recorded 13 volumes of Lirica Infantil (Latin American children's music), and has written 3 award winning books, "De Colores And Other Latin American Folk Songs For Children" (Dutton 1994) and "Diez Deditos—Ten Little Fingers" (Dutton 1997) and "Fiestas" (Dutton 2002).

Today, he continues to perform for children in concert halls, libraries, bookstores and schools throughout the country. He is often a featured speaker at educational conferences and seminars about the use of music as a learning tool in multicultural classrooms.

José Luis is the father of 4 children and two grandchildren.

La apreciación musical de José Luis fue influenciada en gran medida por medio de las canciones que aprendió en su infancia de su abuela paterna. Nació en la Ciudad México, y a la edad de 8 años se unió al Coro Infantil de esta ciudad. Durante los próximos 5 años viajó con el Coro por el mundo, y visitó un total de 32 paises en Europa, el Caribe, y América Central y del Sur. En estos viajes acumuló el bagaje cultural que actualmente comparte con los niños de todo el mundo en sus libros y grabaciones.

Luego de mudarse a California en busca del sueño americano, obtuvo su Licenciatura en la Universidad de California en Berkeley y luego adquirió una Maestria en Educación Multicultural en la Universidad de San Francisco.

José Luis ha labrado su éxito como autor de libros infantiles, compositor y artista, tanto en vivo como en grabaciones. Ha grabado 13 volúmenes de Lirica Infantil (música infantil latinoamericana) y ha escrito 3 libros que han recibido premios: " De Colores y Otras Canciones Folkloricas Latinoamericanas para Niños" (Dutton 1994) y "Diez Deditos" (Dutton 1997) y "Fiestas" (Dutton 2002).

En la actualidad, continúa actuando para niños en salas de concierto, bibliotecas, librerías, y escuelas por todo el país. Es invitado frecuentemente a participar como exponente en conferencias y seminarios educacionales sobre el uso de la música como medio de enseñanza en aulas multiculturales.

José Luis es padre de 4 hijos y 2 nietos.

CONTENTS / INDICE

Esta es mi tierra Vol. 11 © ® 1998, Arcoiris Records, Inc. All Rights Reserved

Ahora es cuando chile verde

© 1992, José-Luis Orozco / Arcoiris Records, Inc.
All Rights Reserved (ASCAP)

¡Ay, ay, ay!
¡Ahora es cuando chile verde,
hay que darle sabor al caldo!
Con cantos y tradiciones
que les traigo de a montones.
¡Levanto mi voz al viento
para alegrar corazones!
¡Yo soy José-Luis Orozco,
para servirles, señores!
¡Y nos vaaaaaamos....!

It's Now Or Never Chili Pepper

© 1992, José-Luis Orozco / Arcoiris Records, Inc.
All Rights Reserved (ASCAP)

Ay, ay, ay!
It's now or never chili pepper
Let´s spice up the soup!
With heaps of songs old and new
That I bring to you,
My voice rises with the wind
To cheer your hopeful hearts
I am Jose-Luis Orozco!
To guide you in this tour!
So, my friends, o-o-o-ff w-e-e go-o!!!!!!

1

Esta es mi Tierra

TRO © Copyright 1956 (Renewed), 1958 (Renewed), 1970 and 1972 LUDLOW MUSIC, INC., New York, NY.
International Copyright Secured Made in U.S.A., All Rights Reserved Including Public Performance for Profit
English Lyrics and Music by Woodie Guthrie. Spanish Translation by José Luis Orozco.
Used By Permission. All Rights Reserved

2

Esta es mi Tierra

TRO © Copyright 1956 (renewed), 1958 (renewed), 1970 and 1972 LUDLOW MUSIC, INC.,
New York, NY. International Copyright Secured Made in U.S.A.,
All Rights Reserved Including Public Performance for Profit
English Lyrics and Music by Woodie Guthrie. Spanish translation by José-Luis Orozco
Used by permission   All Rights Reserved

Esta es tu tierra, esta es mi tierra,
desde California, hasta Nueva York.
Desde los bosques, hasta los mares
esta tierra es tuya y mía también.

Cuando andaba por los caminos
vi allá en lo alto un cielo inmenso
y más abajo un valle extenso
esta tierra es tuya y mía también.

Esta es tu tierra...

Por los caminos vi un letrero
que me decía ¡Aquí no pasas!
pero del otro lado, nada decía
Ese lado es tuyo y mío también...

Esta es tu tierra...

Esta es mi tierra Vol. 11 © ® 1998, Arcoiris Records, Inc. All Rights Reserved

This Land Is My Land

...ht 1956, (Renewed), 1958 (Renewed), 1970 and 1972 LUDLOW MUSIC, INC., New York, N.Y.
...Copyright Secured Made in U.S.A., All Rights Reserved Including Public Performance for Profit
...ics and Music by Woodie Guthrie. Spanish Translation by José-Luis Orozco. Used by Permission
All Rights Reserved

Esta es mi tierra Vol. 11 © ® 1998, Arcoiris Records, Inc. All Rights Reserved

This Land Is My Land

TRO © Copyright 1956 (renewed), 1958 (renewed), 1970 and 1972 LUDLOW MUSIC, INC.,
New York, NY. International Copyright Secured Made in U.S.A.,
All Rights Reserved Including Public Performance for Profit
English Lyrics and Music by Woodie Guthrie.
Used by permission   All Rights Reserved

This land is your land, this land is my land
from California to the New York island
From the redwood forest to the Gulf Stream waters,
This land was made for you and me.

As I was walking that ribbon of highway
I saw above me that endless skyway
I saw below me that golden valley
this land was made for you and me.

As I was walking, I saw a big sign there
and on that big sign it said "No Tresspassing"
but on the other side it did say nothing
That side was made for you and me!

This land is your land...

Esta es mi tierra Vol. 11 © ® 1998, Arcoiris Records, Inc. All Rights Reserved

Juancho Pancho

© 1997, José-Luis Orozco / Arcoiris Records, Inc. Spanish Lyrics and Musical Arrangement
All Rights Reserved (ASCAP)

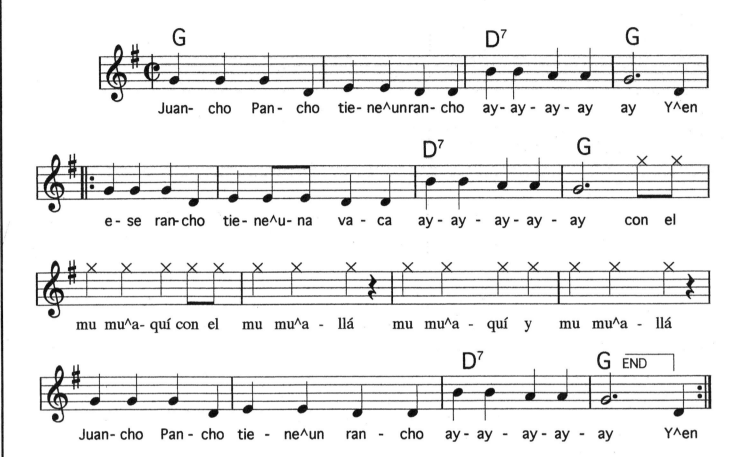

Juan- cho Pan - cho tie - ne^unran- cho ay - ay - ay- ay   ay   Y^en

e - se ran- cho tie - ne^u- na   va - ca   ay - ay - ay - ay - ay   con el

mu mu^a- quí con el   mu mu^a- llá   mu mu^a - quí y   mu mu^a - llá

Juan- cho Pan - cho tie - ne^un ran - cho ay - ay - ay- ay - ay   Y^en

6

Juancho Pancho

© 1997, José-Luis Orozco
Spanish Lyrics and Musical Arr.
All Rights Reserved (ASCAP)

Juancho Pancho tiene un rancho
Ay, ay, ay, ay, ay.
Y en ese rancho tiene *una vaca*
Ay, ay, ay, ay, ay.
Con el *mu, mu* aquí
Con el *mu, mu* allá
mu, mu aquí y *mu, mu* allá

Juancho Pancho tiene...

un gato...   con el miau...
un perro...   con el guau...
un gallo...   con el ki-ki-ri-kí...
una rana...   con el croa, croa...
un chancho... con el oinc...
un burro...   con el i-ja...
un pato...   con el cuac...

Esta es mi tierra Vol. 11 © ® 1998, Arcoiris Records, Inc. All Rights Reserved

Old MacDonald

8

Esta es mi tierra Vol. 11 © ® 1998, Arcoiris Records, Inc. All Rights Reserved

Old Mac Donald

Old Mac Donald had a farm
E, I, E, I, O.
And on his farm he had a cow
E, I, E, I, O.
With the *moo, moo*, here,
with the *moo, moo*, there
moo, moo, here and *moo, moo*, there

Old Mac Donald had a farm...

a cat... mew, mew...
a dog... woof, woof...
a rooster... cock-a-doodle-doo...
a frog... ribet, ribet...
a pig... oink, oink...
a donkey... hee-haw...
a duck... quack, quack...

Esta es mi tierra Vol. 11 © ® 1998, Arcoiris Records, Inc. All Rights Reserved

La monedita

© 1955, Malvina Reynolds Used by permission of MCA Music Publishing

a Universal Music Company, Los Angeles, CA. Spanish Translation by José-Luis Orozco

All Rights Reserved

A - mor es lin - do cuan - do lo pue - des dar cuan - do

lo pue - des dar cuan - do lo pue - des dar a - mor es lin - do cuan - do

lo pue - des dar a - sí ten - drás mu - cho más

es co - mo^u - na mo - ne - di - ta guár - da - la^y no ten-

drás na - di - ta si la pres - tas o re - ga - las

a - sí ten - drás mu - cho más a-

10

La monedita

Spanish translation by José-Luis Orozco © 1955 Malvina Reynolds
Used by permission of MCA Music Publishing,
a Universal Music Company, Los Angeles, CA. All Rights Reserved

El amor es lindo cuando lo puedes dar,
cuando lo puedes dar, cuando lo puedes dar.
El amor es lindo cuando lo puedes dar,
así tendrás mucho más.

Es como una monedita
guárdala y no tendrás nadita
si la prestas o regalas
así tendrás mucho más.

El amor es lindo...

Bailaremos todito el día,
si es que el mariachi hoy nos fía.
Porque el amor es lindo cuando tú lo das,
así tendrás mucho más.

El amor es lindo...

El dinero es para gastarlo,
el amor para disfrutarlo.
Es un tesoro que no perderás,
dalo y no te arrepentirás.

El amor es lindo...

Esta es mi tierra Vol. 11 © ® 1998, Arcoiris Records, Inc. All Rights Reserved

Magic Penny

© 1955, Malvina Reynolds, used by permission of MCA Music

a Universal Music Co. Los Angeles CA. All RIghts Reserved

Love   is   some- thing   if   you   give   it   a-way   give   it   a- way   give   it   a-way

love   is   some-ting   if   you   give   it   a-way   you'll   end   up   hav - ing   more

It's   just   like   a   ma- gic   pen - ny   hold   it   tight   and   you

won't   have   a - ny   lend   it   spend   it   and   you'll   have   so   ma-   ny   they'll

roll   all   o - ver the   floor

Esta es mi tierra Vol. 11 © ® 1998, Arcoiris Records, Inc. All Rights Reserved

Magic Penny

© 1955 Malvina Reynolds
Used by permission of MCA
Music Publishing, a Universal Music Company,
Los Angeles, CA. All Rights Reserved

Love is something
if you give it away,
give it away, give it away.
Love is something
if you give it away,
you'll end up having more.

It's just a magic penny,
hold it tight and you won't have any.
Lend it, spend it and you'll have so many
they'll roll all over the floor.

Love is something...

Let's go dancing 'till the end of day
with a mariachi that we can pay
for love is something if you give it away
you'll end up having more.

Love is something...

Money is dandy if we like to use it.
But love is better if you don't refuse it.
It's a treasure and you'll never lose it,
unless you lock up your door.

Love is something...

13

Allá en el Rancho Grande

96, José-Luis Orozco / Arcoiris Records, Inc. Adapted Lyrics & Musical Arrangement
All Rights Reserved (ASCAP)

A - llá^en   el   ran - cho   gran - de   a-

llá   don - de   vi - ví _____ a _____

ha - bía^u - na   ran - che - ri - ta   que^a-

le - gre   me   de - cí - a   que^a - le - gre   me   de - cí-

a _____   te   voy   a^ha - cer

tus   cal - zo - nes   co - mo   los   que^u - sa^el   ran-

che - ro   te   los   co - mien - zo   de   la - na

14

Esta es mi tierra Vol. 11 © ℗ 1998, Arcoiris Records, Inc. All Rights Reserved

te los a - ca - bo de cue - ro A-

llá^en el Ran - cho Gran - de a - llá don - de vi - ví-

a

Esta es mi tierra Vol. 11 © ® 1998, Arcoiris Records, Inc. All Rights Reserved

Allá en el Rancho Grande

© 1997, José-Luis Orozco / Arcoiris Records, Inc.
Adapted Lyrics and Musical Arr.
All Rights Reserved (ASCAP)

Allá en el Rancho Grande
allá donde vivía
había una rancherita
que alegre me decía
que alegre me decía

Te voy a hacer tus calzones
como los que usa el ranchero
te los comienzo *de lana (en Tijuana)*
te los acabo *de cuero (en San Diego)*

Allá en el Rancho Grande...

Te voy a hacer una escuela
de esas bonitas y buenas
con muchas maestras bilingües
pa' que se acaben tus penas.

Allá en el Rancho Grande...

Yo soy ranchera bonita
y siempre voy a la escuela
porque me gusta estudiar
aunque me duela la muela

Allá en el Rancho Grande
allá donde vivía.

Esta es mi tierra Vol. 11 © ® 1998, Arcoiris Records, Inc. All Rights Reserved

Rancho Grande

© 1997, José-Luis Orozco / Arcoiris Records, Inc.
Adapted Lyrics and Musical Arr.
All Rights Reserved (ASCAP)

Down by the Rancho Grande
I-E- I-E- I- O-O,
There was a *rancherita*
who always loved to tease me
who always said to me.

I'm going to make some *calzones*
for you to look like a *ranchero*
I´d like to make them *with wool (in Tijuana)*
and I will finish them *with cuero (in San Diego)*

Down by the Rancho Grande...

I'm going to build you a big school
to get some power and knowledge
with the best bilingual teachers
to get you ready for college.

Down by the Rancho Grande...

I am a pretty ranchera,
I love and care for my school
I'm always ready to learn
Because I'm smart and I'm cool.

Down by the Rancho Grande...
I-E- I-E- I- O-O

Rancho Grande = a big ranch
rancherita/ranchera = a country girl
calzones = cowboy pants
ranchero = a country boy / a cowboy
cuero = leather

17

La Rana

1997, José-Luis Orozco / Arcoiris Records, Inc. Adapted Lyrics and Musical Arrangement

All Rights Reserved (ASCAP)

Es- ta- ba la   ra- na sen- ta- da can- tan-do de - ba- jo del a - gua

cuan- do la   ra- na sa - lió^a can - tar   vi- no la   mos-ca^y- la   hi- zo ca-

llar   La

Esta es mi tierra Vol. 11 © ® 1998, Arcoiris Records, Inc. All Rights Reserved

La rana

© 1997, José-Luis Orozco / Arcoiris Records, Inc.
Adapted Lyrics and Musical Arr.
All Rights Reserved (ASCAP)

Estaba *la rana* sentada cantando
debajo del agua.
Cuando la rana salió a cantar
vino *la mosca* y la hizo callar.

La mosca a la rana que estaba
sentada cantando debajo del agua.
Cuando la mosca salió a cantar
vino *la araña* y la hizo callar.

La araña a la mosca
la mosca a la rana
que esta sentada
cantando debajo del agua...

el ratón a la araña, la araña a la mosca,
la mosca a la rana...

el gato al ratón...
el perro al gato...
el palo al perro...
el fuego al palo...
el hombre al fuego...
la suegra al hombre...

Cuando la suegra salió a cantar
ni el mismo diablo la hizo callar.

Esta es mi tierra Vol. 11 © ® 1998, Arcoiris Records, Inc. All Rights Reserved

The Frog

© 1997, José-Luis Orozco / Arcoiris Records, Inc.
Adapted Lyrics and Musical Arr.
All Rights Reserved (ASCAP)

There once was a *frog* singing happily
under the water.
When the frog was happily singing,
There came the *fly* and told her
"HUSH!!!, HUSH!!!"

The fly told the frog, who was singing
happily under the water.
When the fly was happily singing,
then came the *spider* and told her
"HUSH!!!, HUSH!!!"

The spider told the fly,
the fly told the frog...

The mouse told the spider...
The cat told the mouse...
The dog told the cat...
The stick told the dog...
The fire told the stick...
The man told the fire...
The mother-in-law told the man...

When the mother-in-law was
happily singing,
not even the devil could make her shut-up

Esta es mi tierra Vol. 11 © ® 1998, Arcoiris Records, Inc. All Rights Reserved

El Joky-Poky

© 1997, José-Luis Orozco / Arcoiris Records, Inc.

Spanish Lyrics and Musical Arrangement. All Rights Reserved (ASCAP)

Pon la ma-no de-re-cha^a-den-tro pon la ma-no de-re-cha^a-fue-ra pon la ma-no de-re-cha^a-den-tro da-le u-na me-nea-di-ta ju-ga-mos Jo-ky Po-ky con u-na vuel-te-ci-ta to-dos a go-zar Jo-ky Po-ky Pon la to-dos a go - zar

Esta es mi tierra Vol. 11 © ® 1998, Arcoiris Records, Inc. All Rights Reserved

El Joky-Poky

© 1997, José-Luis Orozco / Arcoiris Records, Inc.
Spanish Lyrics and Musical Arr.
All Rights Reserved (ASCAP)

Pon la mano derecha adentro,
pon la mano derecha afuera
Pon la mano derecha adentro,
dale una meneadita.
Jugamos Joky-Poky
con una vueltecita,
todos a gozar.

Joky-Poky..!

Pon la mano izquierda...
Pon el pie derecho...
Pon el pie izquierdo...
Pon la rodilla derecha...
Pon la rodilla izquierda...
Pon la cadera derecha...
Pon la cadera izquierda...
Pon el codo derecho...
Pon el codo izquierdo...
Pon el hombro derecho...
Pon el hombro izquierdo...
Pon la cabeza...
Pon todo el cuerpo...

Esta es mi tierra Vol. 11 © ® 1998, Arcoiris Records, Inc. All Rights Reserved

The Hokey-Pokey

Esta es mi tierra Vol. 11 © ® 1998, Arcoiris Records, Inc. All Rights Reserved

The Hokey-Pokey

You put your right hand in
You put your right hand out
You put your right hand in
and you shake it all about
You do the Hokey-Pokey
and you turn yourself around
that's what it's all about.

Hokey-Pokey

You put your left hand...
You put your right foot...
You put your left foot...
You put your right knee..
You put your left knee...
You put your right hip...
You put your left hip...
You put your right elbow...
You put your left elbow...
You put your right shoulder...
You put your left shoulder...
You put your head...
You put your whole body...

25

Esta es mi tierra Vol. 11 © ® 1998, Arcoiris Records, Inc. All Rights Reserved

Plátanos y Manzanas

© 1997, José-Luis Orozco / Arcoiris Records, Inc.

Spanish Lyrics and Musical Arrangement. All Rights Reserved (ASCAP)

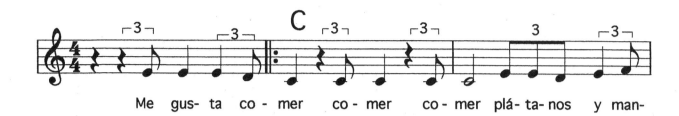

Me gus- ta co - mer co - mer co - mer plá- ta- nos y man-

za - nas me gus - ta co - mer co - mer co-

mer plá- ta- nos y man - za - nas ma gas- ta- ca-

Me gusta comer, comer, comer,
plátanos y manzanas.
Me gusta comer, comer, comer,
plátanos y manzanas.

Ma gasta camar...
Me gueste quemer...
Mi guisti quimir...
Mo gosto comor...
Mu gustu cumur...

Me gusta comer...

26

Esta es mi tierra Vol. 11 © ® 1998, Arcoiris Records, Inc. All Rights Reserved

Apples and Bananas

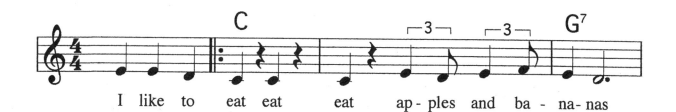

I like to eat eat eat ap-ples and ba-na-nas

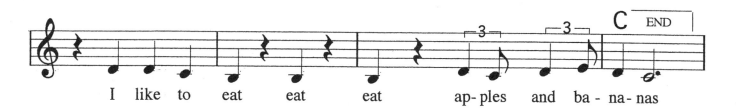

I like to eat eat eat ap-ples and ba-na-nas

I like to

I like to eat, eat, eat,
apples and bananas
I like to eat, eat, eat,
apples and bananas.

I like to ate... (a)
I like to eet... (e)
I like to ite... (i)
I like to oat...(o)
I like to oot... (u)

27

Esta es mi tierra Vol. 11 © ® 1998, Arcoiris Records, Inc. All Rights Reserved

Adiós amigos

© 1997, José-Luis Orozco / Arcoiris Records, Inc.

Spanish Lyrics and adapted Musical Arrangement

All rights reserved (ASCAP)

Adiós amigos, *adiós amigos,*
ya me voy, *ya me voy.*
Me dio mucho gusto
Me dio mucho gusto
estar con ustedes
estar con ustedes
Adiós, *adiós.*

28

Esta es mi tierra Vol. 11 © ® 1998, Arcoiris Records, Inc. All Rights Reserved

Goodbye my Friends

© 1997, José-Luis Orozco / Arcoiris Records, Inc.

Lyrics and adapted Musical Arrangement

All rights reserved (ASCAP)

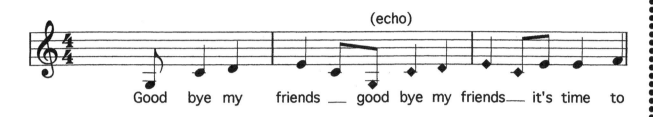

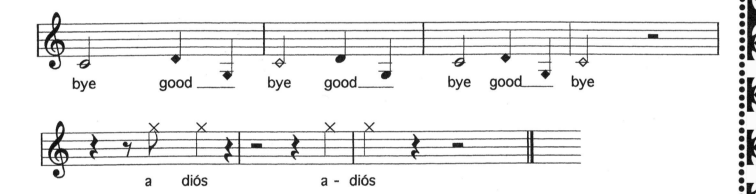

Goodbye my friends,
Goodbye my friends,
It's time to go,
It's time to go.
It was nice to be with you,
It was nice to be with you.
Goodbye, *goodbye*
Adiós, *adiós.*

29

PLEASE CONTACT US TO FIND OUT MORE
ABOUT OUR CANCIONEROS, CD'S & CASSETTES

ARCOIRIS RECORDS

Arcoiris Records, Inc.
P.O. Box 7428
Berkeley, CA 94707
(888) 354-7373
www.joseluisorozco.com

SEP 1 2 2016